LA MORT DE ROXANE

TRAGEDIE.

A PARIS,

Chez Auguſtin Courbé, Au Palais, à la
Palme.

M. DC. XLVIII.

Auec Priuilege du Roy.

A
MONSIEVR
LE
PRESIDENT
VIOLE·

ONSIEVR,
Ie vous offre ce premier essay
d'vne Muse qui n'a pas pris sa

naiſſance ſoubs ce climat ny
dans la politeſſe de la Cour, Ie
ſens pourtant en vous l'offrant
vne confiance qui tiendroit de
la vanité ſi la connoiſſance des
bontez que vous auez pour
moy ne la rendoit en quelque
façon raiſonable. Ie la prens
de ce que vous ayant dédié mes
plus ſerieuſes occupations , il
me ſemble que ie puis auec
quelque juſtice eſperer que
vous vous chargerés de la pro-
tection de mes jeuneſſes. Ce
n'eſt pas ſans douleur que la
deſolée Roxane m'entend nõmer de laſorte ce que j'ay vou-

lu faire pour elle, elle recognoît
en cela l'opiniaſtreté du malheur qui l'a touſiours accom-
pagnée depuis ſon veſuage de
ce malheur, dis-je, qui non con-
tent d'auoir abandonné ſa vie
aux fureurs de l'indigne vſurpa-
teur de ſes Eſtats, a cruellement
perſecuté ſa memoire : juſques
là, qu'en France où les eſtran-
gers ſont ſi fauorablement trai-
tés, il n'y à rien aujourd'huy de
ſi déchiré que la reputation de
cette mal-heureuſe Princeſſe,
elle à cette obligation à l'Au-
theur de l'Incomparable Caſſandre qui l'a miſe en ſi mauuai-

ſe odeur parmi nos Dames, qu'à
peine s'en trouuera-il vne ſeule
quelque tendreſſe qu'elle ay
d'ailleurs pour toutes celles de
ſon ſexe qui ne ſe deffende de
donner des larmes au recit de
ſa mort ; I'oſe cependant vous
oppoſer au cours de toutes ſes
diſgraces , & i'eſtime voſtre
proteċtïon de ſi grand poids
que ie penſe changer ſa deſti-
née, ſi ie puis la luy procurer,
oüy , MONSIEVR , ſi vous
vous declarez pour elle , vous
luy rendrez infailliblement l'é-
clat qu'elle à touſiours eu dans
la verité de l'Hiſtoire, & que le

Roman luy a indignement
volé ; daignez dire vn mot en
ſa faueur deuant ces Illuſtres
Perſonnes qui diſpencent à
leur gré la bonne ou la mauuai-
ſe reputation de celles de ſa naiſſance : Il n'en faut pas dauanta-
ge pour luy faire recouurer ce
qu'elle a perdu d'honneur dans
l'eſtime de ceux qui ne la cog-
noiſſent que pout la Riuale de
Caſſandre : mais n'attendés pas
qu'elle vous en ſollicite, c'eſt
vne Reine qui n'a pas aprins à
prier, auſsi n'eſtes-vous pas de
ceux de qui les faueurs ſe font
acheter par les importunités, au

contraire vous obligés auec vne
generosité qui préuient tousiours la priere, & ne souffre iamais le remerciment ; La parfaite cognoissance que i'ay de
cette glorieuse verité me ferme
la bouche pour toutes les autres:
Ie voudrois (& Roxane mesme m'en presse) pour témoigner mon ressentiment & le
sien, dire quelque chose à l'a-
uantage de nostre commun
protecteur, Ie voudrois aprendre à tout le Monde, que dans
la celebre famille des VIOLES
il y à vn homme à qui la France
ne doit pas moins qu'à ses Illu-

stres

ſtres Predeceſſeurs, & qui tous
les jours adjouſte de nouuelles
qualitez aux éclattantes vertus
qui feront reuerer à iamais la
memoire de ſes Anceſtres;mais
voſtre modeſtie vſant vn peu
trop ſeuerement du pouuoir
que vous ont acquis ſur moy
vne infinité d'obligations me
ferme la bouche auec tant
d'empire que n'oſant pas vous
deſobeïr de ſens froid ; il faut
que pour rompre vn ſilence
trop rigoureux pour eſtre longtemps obſerué, ie conjure les
Muſes qui ſe plaiſent ſi fort
dans voſtre belle maiſon des

ẽ

Champs de m'inſpirer cette diuine fureur qui ne prend loy que de la verité, & n'écoute pas les commandements des hommes, c'eſt elle qui me rendra la liberté de parler, & me mettra en eſtat de ſecoüer le joug que m'impoſe voſtre modeſtie ſans perdre le reſpect que ie vous ay voüé, comme eſtant,

MONSIEVR,

Voſtre tres - humble & tres-obeïſſant ſeruiteur.
I. M. S.

Extraict du Priuilege du Roy.

PAr Grace & Priuilege du Roy, Donné à
Paris le 13. May 1647. Signé, Par le Roy en
son Conseil CONRART, & scellé; Il est permis
à AVGVSTIN COVRBE', Marchand Librai-
re à Paris, d'imprimer, faire imprimer, vendre &
debiter vne Tragedie intitulée, *La mort de Roxane*, auec deffences à tous Imprimeurs, Libraires,
& autres de quelque qualité & condition qu'ils
soient, de la contrefaire ny d'en vendre & debiter en quelque sorte ou maniere que ce soit, pen-
dant le temps & espace de sept ans, sans le consen-
tement dudit Exposant, sur les peines contenuës
plus au long esdites lettres de Priuilege.

Acheué d'imprimer le 25. Auril 1648.

Les exemplaires ont esté fournis.

ACTEVRS.

ROXANE, veufue d'Alexandre.

ORCAMENE, Prince de Sogdie, amoureux de Roxane.

CASSANDRE, Regent de la Macedoine, amoureux de Theſſalice.

THESSALICE, fille & heritiere d'Arideus Roy de la Macedoine.

TERSITE, Confident de Caſſandre.

ARISTON, Confident d'Orcamene.

BELISE, Confidente de Roxane.

CHARMIONE, Confidente de Theſſalice.

SOLDATS.

La Scene eſt dans Amphipolis ville de la Macedoine.

LA MORT DE ROXANE.

TRAGEDIE.

ACTE PREMIER.

SCENE PREMIERE.

ORCAMENE, ROXANE.

ORCAMENE.

Pourquoy vous faites-vous vn destin si contraire,
Pourquoy vous affliger d'vn mal imaginaire?
Vous craignez sans sujet, toutefois ces frayeurs
Vous affligent autant que les plus grands malheurs.

A

ROXANE.

Je connoy mon destin, & ie connoy Cassandre;
Que ne craindrai-ie pas du meurtrier d'Alexan
Puis qu'il a pour regner empoisonné son Roy,
Que ne fera-t'il pas de son fils, & de moy?
Helas! trop de raisons authorisent ma crainte,
Vous condamnez à tort vne si juste plainte,
Et blâmez des soupçons conceus auec raison,
Mais qui viennent trop tard, & sont hors de sai
Je les deuois auoir ces soupçons legitimes,
Quant auec vos raisons, & vos faußes maxime
Vous me fistes signer ce funeste traitté
Qui nous expose aux traits de l'infidelité,
Qui de nos ennemis redouble l'insolence,
Et contre leurs fureurs me met hors de deffence:
Inutiles soupçons que vous me seruez mal;
Vous me le dépeignez ingrat, lasche, brutal,
Auec les qualitez d'vn perfide & d'vn traistre,
Mais vous me le deuiez faire plustost connaistre,
Et destourner l'excez de mes derniers malheurs.

ORCAMENE.

Quoy! verrai-ie tousiours ces yeux couuerts de pleurs?
Ne verrai-ie jamais la beauté que i'adore
Oublier vn moment l'ennuy qui la deuore?
Helas! que mon destin est triste & rigoureux.

ROXANE.

Tant que vous m'aimerez il ne peut estre heureux.
Car enfin apprenez ma genereuse enuie:
Si mon fils ne vit plus, ie renonce à la vie,
Et lasse de souffrir vn si funeste sort
Ie vay chercher le calme à l'abry de la mort:
Mille & mille mal-heurs dont la suite m'accable
M'ont souuent inspiré ce dessein fauorable,
Et ie l'eusse suiuy dés lors que ie le fis,
Mais ie ne pouuois pas abandonner mon fils.
Alexandre en mourant m'en fit depositaire
Et i'ay dû ce respect aux cendres de son Pere,
De ne le quitter pas le pouuant secourir;
Mais le sçachant perdu ie n'auray qu'à mourir.

ORCAMENE.

Vous n'aurez qu'à mourir ! inhumaine Princesse?
Et mon amour?

ROXANE.

Mon Prince espargnez ma foiblesse.

ORCAMENE.

Vous n'aurez qu'à mourir! Doncques ma passion.

ROXANE.

Hé bien ie vous l'auoüe à ma confusion.
Il est vray que i'ay dit à moi-mesme contraire
Non pas ce que i'ay fait, mais ce que i'ay dû faire;
I'ay deu suiure Alexandre, ou viure pour son fils,
Cependant c'est pour vous seulement que ie vis.

ORCAMENE.

Vous viuez pour moy seul! mais, Dieux! elle en souspi-
(re

ROXANE.

En l'eſtat où ie ſuis i'ay crû le pouuoir dire,
Sur le poinct de mourir, & lauer de mon ſang
L'affront que cét aueu vient de faire à mon rang;
Car de quelque façon que i'oſe me deffendre,
Rien ne peut excuſer la veufue d'Alexandre,
Et quoy que mon amour puiſſe dire pour nous
C'eſt vn crime d'aimer apres vn tel Eſpous.
Ie ſçay que veut de moy ſon illuſtre memoire,
Ce que veut mon honneur, & ce que veut ma gloire,
Mais malgré ſa memoire & mon honneur, ie voy
Et ce que vous vallez, & ce que ie vous doy.
Pour ſatisfaire à l'vn, ſans rien oſter à l'autre
I'ay crû que ie pouuois iuſtement eſtre voſtre,
Fondant ſur voſtre amour, & ſur voſtre valleur
L'eſpoir de reſtablir mon fils dans ſa grandeur.
Ainſi, loin d'offencer Alexandre & ma gloire
Contentant voſtre amour, i'honorois ſa memoire.
Mais ſi mon fils eſt mort, ſi ie perds ce bonheur
Et ne puis eſtre à vous, ſans bleſſer mon honneur,
Ie veux mourir mon Prince.

ORCAMENE.

Hé bien mourons, ma Reine,
Ie n'y resiste point.

ROXANE.

Viuez cher Orcamene ;
Ne vous attachez point à mon sort rigoureux,
Viuez, viuez sans moy ; vous viurez plus heureux.

ORCAMENE.

Que ie viue sans vous ? ah ! discours qui me tuë.
Ie viuray plus heureux si ie vous ay perduë ?
Et le Ciel cessera de me voir en courroux ?
Ie viuray plus heureux quand ie viuray sans vous ?
L'auez-vous pû penser.

ROXANE.

Helas ! Prince fidele,
Que ne puis-ie autrement recompenser ton zele ?
Allons doncques sçauoir le destin de mon fils,

Et mourons aussi-tost que nous l'aurons appris.

ORCAMENE.

Puisque vostre bonté me permet de vous suiure
Il m'est indifferent de mourir ou de viure.

ROXANE.

Et puisque rien ne peut me separer de vous,
Quel que soit mon destin, il me sera trop doux.

ORCAMENE.

Allons-donc de ce fils apprendre la nouuelle.
Thessalice reuient.

ROXANE.

Cassandre est auec elle,
Ie ne la sçaurois voir qu'elle ne l'ayt quitté.

SCENE
DEVXIESME.

CASSANDRE, THESSALICE, CHARMIONE.

CASSANDRE.

IL importoit Madame à voſtre ſeureté,
Que l'on vous immolaſt cette illuſtre victime.

THESSALICE.

Quoy! Caſſandre oſez-vous m'imputer voſtre crime
Me nommer le motif de ce noir attentat?

CASSANDRE.

Mais, vous-meſme oſez-vous nõmer ce coup d'eſta
Qui ſeul ſur voſtre teſte affermit la couronne,
Vn crime, vn attentat? Certes cela m'eſtonne.
Vous vous plaignez, Madame, auec peu de raiſon.
Que quelqu'autre que vous l'appelle trahiſon.

Que

Que tous vos ennemis que ce coup assassine
Conjurent hautement ma perte & ma ruine,
Vous seule vous deuez soustenir contre tous
Vn Prince genereux qui s'expose pour vous;
Iustifiez vn coup qui tuë en sa naissance
De mille factieux la funeste esperance,
Affermit vn pouuoir que vous tenez des Cieux,
Et vous fera regner seurement en ces lieux.

THESSALICE.

N'y pouuois-ie regner qu'à la faueur d'vn crime?
Ma naissance m'y donne vn pouuoir legitime,
Et i'eusse mieux aimé renoncer à ce rang
Que de m'y conseruer aux despens d'vn tel sang;
La Couronne à ce prix n'a point pour moy de charmes.
Que ne le puis-ie encor rachepter par mes larmes,
Et rendre à l'Vniuers ce reste precieux
D'vn Heros qu'à la Terre ont enuié les Cieux.
Vous deuiez consulter s'il le falloit respandre,
Mesnager mieux le sang qui restoit d'Alexandre,
Et de tout l'Vniuers estourdy par sa mort,
Respecter l'esperance & le dernier support.
Le monde qui prenoit plaisir à le voir craistre
Se promettoit qu'vn iour il l'auroit pour son Maistre,

Et voftre ambition contre voftre deuoir
Par cét affaſſinat a deftruit ſon eſpoir;
C'eft ce beau coup d'Eftat que vous venez de faire,
Ah! qu'il eft genereux.

CASSANDRE.

Il eftoit neceſſaire,
Madame, & ie ne ſçay quant il faut m'en loüer,
Quelle humeur vous oblige à m'en deſauoüer.
Lors que pour vous ſeruir ie mets tout en vſage,
Je trahis mon deuoir, ie dements mon courage,
I'haſarde mes amis auecque mon honneur
Pour le bien de l'Eftat & pour voftre bonheur,
Ie ne puis deuiner quel eftrange caprice
Vous porte à me traitter auec tant d'iniuftice,
Et d'où vient que mon zele eft ſi mal reconnu.

THESSALICE.

O le Zele obligeant!

CASSANDRE.

Mon malheur m'eft connû:

Ie vois à deſcouuert où tend cét artifice,
Et bien bien, condamnez cét important ſeruice,
Tirez-en de nouueau ſujet de me haïr,
Dites que par ce coup i'ay voulu vous trahir;
Faites que s'offençant de ce qui vous oblige
Par ces indignitez voſtre rigueur m'afflige
A tous ces traittemens mon amour ſe reſout,
Vous verrez ma conſtance aller iuſques au bout,
Reſpecter vos rigueurs qui menaſſent ma vie,
Et vous auoüerez que ie vous ay ſeruie,

THESSALICE.

Que vous m'auez ſeruie? Et vous nommez ainſi
Le deſordre & l'horreur que vous cauſez icy.
Des Macedoniens les plaintes legitimes
Qui tous couuerts de dueïl & noircis de vos crimes,
Par des gemiſſements qui me comblent d'effroy
Demandent chaque iour la mere de leur Roy.
C'eſt voſtre ambition qui l'a priua de vie,
Et vous me reprochez de m'auoir bien ſeruie
Lors que vous m'expoſez par voſtre cruauté
Aux iuſtes mouuements d'vn Royaume irrité,
D'vn Peuple qu'Alexandre a tout couuert de gloire,
Qui de ce grand Heros reſpectant la memoire

La vengera sans doute, & luy fera raison
Du cruel destructeur de toute sa maison,
Encore tout souillé du meurtre de sa mere:
Quand la mort de son fils aigrira sa colere,
Ce peuple contre moy que n'osera-t'il pas
Moy qui sers de pretexte à ces deux attentats?
Vous qui voyez combien vous hasardez ma vie,
Ne me reprochez plus que vous m'auez seruie,
Et ne vous vantez plus d'auoir trahy pour moy
La foy de vos sermens, vostre amy, vostre Roy.

CASSANDRE.

Je ne connois que vous pour Princesse & pour Reine,
J'ai fait ce que ie dois, & le Prince Orcamene
A qui vous m'accusez d'auoir manqué de foy
A beaucoup de sujet de se loüer de moy.
Par ce coup ie le sers auprez de sa Princesse,
Roxane est tout le bien qu'il pretend dans la Grece,
Et pour la rendre toute à ce rare vainqueur
J'ay fait mourir le fils qui partageoit son cœur:
Ce gage qu'elle auoit de l'amour d'Alexandre
Reueillant le respect qu'elle doit à sa cendre
Eust en mille façons choqué sa passion,
Et destruit le bonheur de leur possession.

THESSALICE.

Vous vous excusez mal Cassandre, & l'artifice
Dont vous voulez couurir voſtre noire malice,
Loin de vous excuſer, vous rend plus odieux.

CASSANDRE.

Ah! que ces mots cruels me ſont iniurieux.
Me rend plus odieux? Theſſalice inhumaine
Ne pourriez-vous du moins deſguiſer voſtre haine:
Elle eſclatte cruelle auec trop de rigueur,
Quel plaiſir prenez-vous à déchirer ce cœur?
Ce cœur, dont le reſpect tient de l'idolaſtrie,
Qui malgré vos rigueurs vous a touſiours cherie,
Et par vn triſte effet de ſon ſort malheureux
Plus vous le mal-traittez, plus il eſt amoureux.
Inſenſible à l'amour, rendez-vous à mes larmes,
Souffrez que la pitié vous arrache les armes;
Aſſez, & trop longtemps vous auez reſiſté,
Soyez enfin d'accord auec voſtre beauté,
Et ne deſtruiſez pas l'amour qu'elle a fait naiſtre;
Il eſt digne de vous autant qu'on le puiſſe eſtre,
Et le reſpect qu'on doit aux volontez d'vn Roy,

Et d'vn pere mourant sollicite pour moy:
Sans cesse à mon esprit ces mots se font entendre,
Thessalice, dit-il, ie te donne à Cassandre,
Ie mets tout mon espoir en sa seule vertu,
Herite seulement de ce Trosne abbatu;
Il le restablira dans sa grandeur premiere.
I'obeis, & i'ay fait sa volonté derniere;
Mes trauaux ont rendu le calme à vos Estats,
Hé! de vostre costé n'obeyrez-vous pas?

THESSALICE.

Non, vous me dispensez de cette obeyssance,
Et vostre trahison auiourd'huy m'en dispense.
Lors que le Roy me fit consentir à vos vœux
Il pensoit me donner vn Prince genereux,
Le fils d'Antipater, le mignon d'Alexandre,
Enfin, vn Prince tel que fut iadis Cassandre,
Et non pas vn ingrat, vn perfide, vn brutal,
L'execrable bourreau de tout le sang Royal,
Soubs qui tombe & gemit la Maison d'Alexandre,
Enfin, vn Prince tel qu'est maintenant Cassandre,
Vn lasche que ie hays et que ie dois hayr,
C'est ce qui maintenant me deffend d'obeyr,
Ie ne vous connois plus.

CASSANDRE.

Ne suis-ie plus moy-mesme?
Vous me mesconnoissez, parce que ie vous aime,
Parce que ie vous rends plus que ie ne vous doy.
Mais ne pretendez pas de me manquer de foy;
Vostre pere en mourant pour vous me l'a donnée:
Disposez-vous, Madame, à voir cét Hymenée,
Je cesseray par là de vous estre odieux.

SCENE
TROISIESME.

THESSALICE, CHARMIONE.

THESSALICE.

Qvi me deliurera de cét ambitieux?
Orcamene, bons Dieux! que ie suis miserable.
Quel remede à des maux dont le moindre m'accable,
Je hay; i'aime: & par tout mesme malheur me suit,
Je deteste qui m'aime, & i'aime qui me fuit.

Et le Dieu qui punit mon amour & ma haine
M'entraiſne vers Caſſandre, & m'enleue Orcamene.
Cruel redoublement à mes viues douleurs,
Ne ſufiſoit-il pas de l'vn de ces malheurs :
Deſtin qui me pourſuis auec tant d'injuſtice
Falloit-il tous les deux pour perdre Theſſalice?
Charmione.

CHARMIONE.

Madame,

THESSALICE.

Eſtranges paſſions.

CHARMIONE.

Vous deuriez rappeller vos reſolutions,
Reprimer de l'amour l'iniuſte violence
Sur vos ieunes eſprits il prend trop de licence,
Eſtouffez-le, Madame.

Theſſa-

THESSALICE.

Inutile conseil,
Cherche, cherche à mes maux vn plus doux appareil,

CHARMIONE.

Il n'en faut point de doux où le mal est extréme.

THESSALICE.

Ie ne puis me resoudre à perdre ce que j'aime.

CHARMIONE.

Le pouuez-vous garder? est-ce à vous à choisir?
Vous ne pouuez garder qu'vn malheureux desir.
Le bien que vous voulez, Roxane le possede.

THESSALICE.

Et c'est à ce malheur que ie cherche remede;
La fortune & l'amour me le viennent offrir,
Mais il est criminel, ie ne le puis souffrir.

C

Qu'importe quel qu'il soit puis qu'il finit ma peine,
Faire vn lascheté! Mais quoy perdre Orcamene!
Il vaut mieux l'acquerir en suiuant cét auis :
Oüy, Reine, il a trempé dans la mort de ton fils.

CHARMIONE.

Où vous emportez-vous ?

THESSALICE.

Dans vn desordre extréme.

CHARMIONE.

A cette trahison ?

THESSALICE.

Ie la connois, mais j'aime.

Fin du premier Acte.

ACTE
DEVXIESME.

SCENE PREMIERE.

BELIZE. ROXANE.

BELIZE.

A H! Madame, ah! Madame, au fort de vos
    douleurs,
Escoutez vos vertus autant que vos malheurs.

ROXANE.

Acheuez, fiers destins, acheuez voStre ouurage;
Vous n'auez plus qu'vn coup; & voStre foible rage,
Bien loin de me punir par vn coup attendu,
Me fera recouurer tout ce que j'ay perdu,
Vous me l'auez rauy dans la fleur de son âge,
Ce Roy, dont la valeur vous donnoit de l'ombrage;

Alexandre, cruels, vous me l'auez rauy ;
Et tout ce qui restoit de ce Roy l'a suiuy.
Son fils est mort, Destins, sa vefue reste encore :
C'est vostre dernier coup, ie l'attens, ie l'implore ;
Ne le differez pas, ou son noble courroux
Luy fera preuenir ce qu'elle attend de nous.
Mais non ; suiuons tousiours le destin d'Alexandre,
Ie cognoy vostre main, foibles Dieux ; c'est Cassandre,
Qui doit entierement destruire sa maison.
C'est de luy, que i'attens le fer ou le poison :
Mais tu l'attens en vain, Roxane infortunée,
A de plus rudes coups le Ciel t'a destinée :
Si tu pouuois finir par vn si beau trespas ;
Tu suiurois Alexandre, & tu ne mourrois pas :
Vne si belle mort seroit digne d'enuie ;
Et ne respondroit pas aux malheurs de ta vie :
Tu dois, tu dois tomber d'vn coup plus rigoureux ;
Cassandre contre toy n'a rien de dangereux ;
Et vefue d'Alexandre, & mere malheureuse,
La mort, qu'il t'offriroit, seroit auantageuse :
Vn plus rude ennemy, plus cruel & plus fort
Est armé contre toy pour te donner la mort,
Et te faire sentir dans ton heure derniere,
Des maux pires que ceux de perdre la lumiere,
Tout ce qu'vn grand regret, vn honteux repentir,

La colere & l'amour peuuent faire sentir,
Et dans ces pasſions ensemble confonduës,
T'accabler de douleurs qui t'estoient inconnuës.

BELIZE.

Madame, permettez . . .

ROXANE.

                    Toy qui sçais mes malheurs,
M'oses-tu consoler?

BELIZE.

                    Je respecte vos pleurs;
Et dans l'excez des maux dont voſtre ame ſi atteinte,
Ie ne condamne pas celuy de voſtre plainte;
Aux extrémes malheurs vne extréme pitié,
Ne les conſole pas, mais en prend la moitié.
I'en vſe ainſi, Madame, en celuy qui vous touche,
Et quelque autre intereſt me fait ouurir la bouche;
Non pas pour eſtouffer vos ſouſpirs & vos pleurs;
Mais bien pour les cacher à vos perſecuteurs;
Et ne leur donner pas le funeſte auantage,

De voir que leur malice abbat voftre courage :
Quelle gloire pour eux ! quelle honte pour vous !
S'ils voyent ce grand cœur fuccomber fous leurs coups,
Cachez voftre douleur, contraignez-vous, Madame.

ROXANE.

Des foins fi delicats toucheroient-ils mon ame ?
Quand d'vn plus grand malheur mes efprits eftourdis
Font qu'à peine ie fens la perte de mon fils.
Oüy cét efbranlement, & ce defordre extréme,
Qui t'eftonne, Belize. & m'eftonne moy-mefme,
Ce grand poids de douleur, foubs qui refte abatu,
Ce cœur abandonné de toute fa vertu,
N'eft pas entierement l'effet de cette perte ;
Ie me confolerois, apres l'auoir foufferte,
Si d'vn plus grand malheur l'horrible trahifon,
Ne m'eut ofté l'efprit, & troublé la raifon ?
Si Caffandre fuiuant fa deteftable enuie,
M'eut derobè luy feul vne fi chere vie,
Orcamene m'aydant à vaincre mon ennuy,
Ie me confolerois, ou mourrois auec luy :
Mais helas ! fouuenir, qui defchire mon ame !
Il a luy-mefme ourdy cette funefte trame,
Et ligué contre nous auec nos ennemis :

L'infidelle, le traiſtre, il a perdu mon fils.

BELIZE.

Madame, vous croyez ce qu'à dit Theſſalice.

ROXANE.

Que n'en puis-je douter!

BELIZE.

Dieux l'eſtrange caprice ?

Vous le croyez, Madame, & voſtre eſprit troublé,
Par ce dernier malheur eſt ſi fort accablé,
Qu'il ne vous ſouuient plus d'vn Prince de Zoydie,
Ny de ce qu'il a fait dans la Cour de Darie.

ROXANE.

Ah! ce reſſouuenir ne ſert qu'à m'affliger :
Je ſçay bien qu'il m'ayma, mais il a pû changer ;
De mon mauuais deſtin ce ſuperbe auantage,
Les amours d'Alexandre, & noſtre mariage,
Ne l'excuſent que trop d'auoir manqué de foy,

Ie ne l'en puis blasmer, il l'a fait apres moy :
Mais tu ne deuois pas malheureux Orcamene,
D'vne si forte amour passer iusqu'à la hayne :
Ne differay-ie pas cét hymen glorieux,
Que nos longues amours me rendoit odieux ;
Iusqu'à tant que ta mort, que ie crûs asseurée,
M'eut redonné la foy que ie t'auois iurée.
Lors te sçachant perdu dans le fort des combats,
Apres auoir long-temps regretté ton trespas ;
Ie reglay mes desirs aux volontez d'vn pere ;
I'acceptay cét espoux ; ie creus le deuoir faire,
Et ne dédaigner pas de loger dans mon cœur
Apres t'auoir perdu, cét illustre vainqueur :
Que si ce procedé me rend si criminelle,
Qu'il merite, cruel, vne hayne mortelle ;
Que ne l'exerçois-tu sur ce cœur malheureux,
Et non pas sur mon fils, Prince peu genereux.

BELIZE.

Quoy, vous vous obstinez à le croire coupable,
Et d'vn crime si noir vous le croyez capable ;
Il a changé, Madame, & de cœur, & d'amour :
Mais auoit-il changé dans ce funeste jour ?
Quand à peine remis de ces grandes blessures,

Que

Que sans doute aigrissoient ses tristes auanturs,
Resté dans ce combat, qu'on crût son monument;
Vous le vistes entrer dans son appartement;
Que tombant à vos pieds d'amour & de foiblesse:
Ie viens mourir, dit-il, aux pieds de ma Princesse:
Heureux dedans l'exceᵹ de mes derniers malheurs,
Si mon sang à ses yeux peut arracher des pleurs.
Là d'vn grãd desespoir montrãt des marques vrayes,
Il poussa d'vn soupir tout son sang vers ses playes;
Arracha l'appareil par vn funeste effort,
Et parut à vos yeux sanglant & demy-mort.
Quelle deuintes vous à ce triste spectacle,
Vous le sçaueᵹ, Madame, & ce fut par miracle,
Que vous pûtes encor d'vn ton mal-asseuré
Deffendre de mourir à ce desesperé.

ROXANE.

Helas!

BELIZE.

Vous m'ordonnez vne peine infinie.
Que ie viue, dit-il, ô! dure tyrannie,
I'obeïray, Madame, & ie ne mourray pas,

Si mes fortes douleurs n'auancent mon trespas?

ROXANE.

Dieux! ce ressouuenir m'afflige, & me deuore...

BELIZE.

Il ne vous aymoit plus.

ROXANE.

Las! il m'aimoit encore:
Mais depuis...

BELIZE.

Voftre arreft, & fon fidelle amour,
L'ont fait viure, ou pluftoft mourir cent fois le jour.
Il a vécu, Madame, & dans fa Sogdie,
Il a traifné pour vous vne mourante vie:
Où du grand Alexandre apprenant le trespas,
Son amour dans ces lieux luy fit dreffer fes pas:
Arriuant il vous trouue au pouuoir de Caffandre;
Se range auprés de luy fouz le nom de Nicandre;

Le sert heureusement dans ses derniers combats;
Le dégage deux fois, rasseure ses soldats;
Et par ces grands exploits sa valeur ordinaire
Le rend cher à Cassandre, autant que necessaire.
Là, vous n'ignorés pas ce qu'à fait son amour,
C'est à cette faueur que vous deuez le jour.
Cassandre ayant pour vous des craintes legitimes,
On contoit voftre mort au nombre de ses crimes;
Le sort d'Olympias au jugement de tous
Deuoit asseurément passer jusques à vous;
Si ce Prince n'eut pû détourner la tempeste,
Qui si visiblement menaçoit voftre teste.
Il obligea Cassandre à vous laisser le jour,
Et pour toute prison vous n'auez que sa Cour.
Voila les changemens dont ce Prince eft coupable,
Voila les trahisons dont son ame eft capable.
En vain, Madame, en vain voftre injufte douleur
Cherche à le quereller dans ce dernier malheur:
Suiuez tous les momens d'une si belle vie,
Vous n'en treuuerez point qui ne vous ait feruie;
Et vous verrez par tout ce Prince genereux,
Aussi fidelle amant, qu'amant trop malheureux.

D. ij

ROXANE.

Tout cela n'y fait rien.

BELIZE.

Non, ie m'estois méprize;
Il ne vous aime plus.

ROXANE.

Il m'aime encore Belize,
Je n'en veux plus douter apres ce que tu dis ;
Mais, helas ! cét amour assassine mon fils,
Il m'aime ; & c'est au prix d'vne si chere vie,
Qu'aux fureurs du Tyran son amour m'a rauie :
C'est leur pacte, Belize, & c'est-là ce traité
A qui ie dois la vie, & cette liberté.
Orcamene reçoit Roxane de Cassandre,
Et luy liure à son tour l'heritier d'Alexandre ;
Ils se font des presens à ma confusion ;
L'vn immole mon fils à son ambition ;
L'autre luy tient la main, & reçoit pour salaire
De cette trahison sa malheureuse mere :

Mais, lasches ennemis, vous vous abusez tous,
Vous disposez des biens qui ne sont pas à vous.
Ie sçay bien que ie suis au pouuoir de Cassandre.
Et les Dieux l'ont permis pour vanger Alexandre,
Pour vanger ce grand Roy de ce cœur lasche & bas,
Qui s'ouure à des desirs, qu'il ne luy donne pas:
Mais ce pouuoir s'estend jusqu'à m'oster la vie,
Non pas à m'attacher à qui me l'a rauie;
A qui de ce cher fils abrege le destin,
Et de son protecteur deuient son assassin.
Aussi ne pretends pas malheureux Orcamene.

BELIZE.

Madame le voicy.

SCENE
DEVXIESME.

ORCAMENE. ROXANE. BELIZE.
ARISTON.

ORCAMENE.

Ie ne viens pas, ma Reyne,
Pour confoler vos maux …

ROXANE.

Mais pour les redoubler:
Non pour les adoucir, mais pour m'en accabler
En me montrant l'auteur de ma derniere perte,
Lâche, ta trahifon eft toute découuerte.

ORCAMENE.

O! Dieux.

ROXANE.

Ne pretens pas encor de m'abuſer;
Rends-moy mon fils, cruel, ſi tu veux t'excuſer.
Ah! barbare, ennemy plus cruel que Caſſandre,
Que t'auoit fait mon fils, il eſtoit d'Alexandre;
Et tu n'as pû ſouffrir, Prince lâche & brutal,
Ce reſte malheureux d'vn Illuſtre Riual.

ORCAMENE.

Ah! Madame.

ROXANE.

Tu peux ſoutenir ma preſence;
Va, cache-moy, cruel, vn objet qui m'offence;
Apres ta perfidie, & tes folles amours,
La honte de ma vie, & l'horreur de mes jours.

ORCAMENE.

O! Dieux.

ARISTON.

Seigneur. Helas!

BELIZE.

Madame, quel caprice,
Vous le deſeſperez.

ROXANE.

N'importe : qu'il periſſe.

SCENE

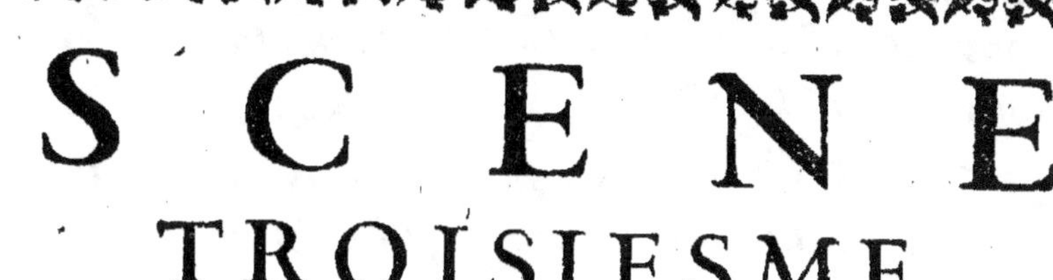

SCENE TROISIESME.

ARISTON. ORCAMENE.

ARISTON.

Seigneur, que ce grand cœur viène à voſtre ſecours.

ORCAMENE.

La honte de ma vie, & l'horreur de mes jours.
Ah! Madame, ces mots, ſont-ils pour Orcamene ?
Me les auez-vous dits? ſongez à vous ma Reine.
Mais toy-meſme reuiens, ceſſe de te troubler ;
Songe qu'elle eſt partie, & tu parles en l'air :
Mais quand elle y ſeroit, que pourrois-tu reſpondre ?
Son fils eſt mort, ce mot ſuffit pour te confondre,
Car encor que Caſſandre ait cauſé ſon treſpas,
Son fils eſt mort enfin, & tu ne le rends pas.
Ah! ce cœur n'eſt que trop digne de ſa colere ;
Il eſt trop criminel d'auoir pû vous deſplaire.

E

Et bien que ce ne soit qu'vn effet de son sort,
Meritant vostre haine, il merite la mort.
Doncque de cette main ce cœur vous satisfasse,
Vostre bonté luy fait encore trop de grace ;
Quand apres son forfait, ou plutôt son malheur,
Vous l'abandonnez tout à sa juste douleur.

ARISTON.

Seigneur que faites vous.

ORCAMENE.

    Ton dessein m'importune,
Je suis, cher Ariston, ma mauuaise fortune.
J'obeïs au destin, & d'vn cœur obstiné
J'execute l'arrest que Roxane à donné.
Toy qui fut le témoin de mon ardeur fidele,
Temoin de mon respect, sois-l'encor de mon zele.
Voy la trigique fin de mes tristes amours ;
Et va luy raporter, que l'horreur de ses jours,
Cét objet malheureux d'vne injuste colere,
Tout innocent qu'il est meurt pour la satisfaire ;
Obeït sans murmure à son dernier arrest,
Et l'adore en mourant toute injuste qu'elle est.

Ah Roxane.

ARISTON.

Seigneur..

ORCAMENE.

ô! Dieux quelle insolence,
Que pense-tu gagner par cette violence,
Va, laisse moy mourir.

ARISTON.

Hé bien mourez, Seigneur,
Perdez auec le iour le soin de vostre honneur;
Que vostre desespoir vous charge de ce crime,
Et passe pour l'effet d'vn remords legitime:
Mourez en lâche, en traitre.

ORCAMENE.

Ah! ne m'aflige pas,

ARISTON.

Ces reproches, Seigneur, suiuront voſtre treſpas,
Vous eſtes à Roxane vn objet effroyable,
De la mort de ſon fils elle vous croit coupable ;
Et ſi vous ne viuez pour la tirer d'erreur,
Encor apres ſa mort vous luy ferez horreur.

ORCAMENE.

Roxane apres ma mort haïra ma memoire ?

ARISTON.

Oüy, ſi vous ne viuez pour purger voſtre gloire
D'vn ſoupçon qui luy porte vn reproche eternel.
Où viuez innocent, où mourrez criminel.
Choiſſiſſez.

ORCAMENE.

Ah ! ce choix n'eſt pas en ma puiſſance,
L'arreſt eſt prononcé contre mon innocence ;
Ie ne puis appeller de ma Diuinité ;

Et ie deurois defia l'auoir executé :
Mais pardonneʒ, ma Reyne, vn fentiment rebelle ;
Quand vous me menacez d'vne hayne éternelle,
Auecque tant d'horreur le trefpas fe fait voir,
Qu'il paraift effroyable à mon grand defefpoir.
Quoy fans voir par ma mort voftre hayne affouuie ;
Vous, la ferez durer au de-là de ma vie,
Et vous me haireʒ quand ie ne feray plus ?
Ah ! Roxane.

ARISTON.

Quiteʒ ces foupirs fuperflus.
Songez à preuenir vne telle difgrace ;
Vous le pouuez Seigneur.

ORCAMENE.

Que faut-il que ie faffe ?

ARISTON.

Porteʒ contre Caffandre vn fi iufte courroux,
Et vangez contre luy voftre Princeffe, & vous.
Vous eftes offencé, coureʒ à la vengeance ;

Qu'vn tel ressentiment monstre vostre innocence;
Et puisqu'il faut du sang dans ce malheur pressant,
Pour verser le coupable, espargnez l'innocent.
Aux manes d'Alexandre offrez ce sacrifice,
Roxane attend de vous cét illustre seruice;
Ce coup pour vostre amour est grand & glorieux.

ORCAMENE.

Ariston tes discours m'ont desillé les yeux;
Ouy ie la dois vanger du Tiran qui l'oprime;
A son ressentiment offrir cette victime.
Cassandre enfin les Dieux lassez de tes horreurs,
Abandonnent ta vie à mes justes fureurs,
De tes meschancetez la mesure est parfaite;
Et leur iustice enfin veut estre satisfaite;
Ce que n'ont pû sur eux vn Maistre empoisonné,
Sa mere mise à mort, son fils assassiné,
Ma Princesse l'obtient, & Roxane outragée
Estoit trop chere aux Dieux pour n'estre pas vangée.
Ils ne peuuent souffrir qu'auec impunité,
On ose s'attaquer à la Diuinité:
Ma Deesse ioignant leur cause auec la sienne,
N'arme pour te punir d'autre main que la mienne.
Qui te sauua le iour, peut bien te le rauir;

Ah! perfide, eſt-ce ainſi qu'il faloit s'en ſeruir?
Ne t'ay-ie conſerué quà ma propre ruine.
Qui tient de moy la vie, aujourd'huy m'aſſaſſine!
Me rauit laſchement le repos & le jour;
Et plus que tout cela, Roxane, & ſon amour.
Ah ne differons plus de vanger cette injure!
Allons tremper nos mains au ſang de ce parjure,
Rien ne peut s'oppoſer à mon reſſentiment.

ARISTON.

Voſtre douleur agit auec aueuglement;
Conſiderez, Seigneur, comm' elle vous haſarde.
Quoy! l'aller attaquer au milieu de ſa garde!
Vous ſeul que pouuez-vous contre tant de ſoldats?
Vous courez à la mort, & ne vous vangez pas.
Ainſi ſans aucun fruit voſtre perte eſt viſible.

ORCAMENE.

A des deſeſperez il n'eſt rien d'impoſſible:
Rien n'épouuante vn cœur reſolu de perir.
Allons, cher Ariſton, nous vanger, & mourir.

Fin du deuxieſme Acte.

ACTE
TROISIESME.

SCENE PREMIERE.

THESSALICE. ROXANE.

THESSALICE.

Cassandre va sur vous faire esclater sa haine.
Madame il faut partir.

ROXANE.

Que ie quite Orcamene.

THESSALICE.

Vostre presence icy ne le peut secourir ;
Car en l'estat qu'il est, que pouuez-vous ?

ROXANE.

ROXANE.

Mourir:

Porter pour la rançon du Prince de Sogdie,
Cette teste au Tyran, qui menace sa vie;
Le conseil en est pris, ie fay ce que ie doy:
Ie veux faire pour luy ce qu'il a fait pour moy;
Il s'est iustifié courant à la vengeance,
Ie luy veux en mourant montrer mon innocence.

THESSALICE.

Rejettez vn conseil qui luy seroit fatal;
Ce remede, Madame, est pire que le mal.
Le mal n'est pas si grand qu'on vous l'a fait entendre:
Orcamene a forcé les Gardes de Cassandre,
Il a leué le bras pour luy percer le sein:
Quelque estrange peril qui suiue vn tel dessein,
I'en preuiendray le coup.

ROXANE.

Ah! friuole esperance.

Helas!

F

THESSALICE.

J'aurois defia tenté fa deliurance,
Mais ie crains d'irriter Caffandre contre vous.
Allez vous mettre à Pidne à couuert de fes coups:
Là vous pourrez armer pour le falut du Prince,
Auecque fes amis le tiers de fa Prouince.

ROXANE.

Pour fauuer Orcamene à tout ie me refous;
Je pars Princeffe, adieu. Songez que c'eft à vous
A deftourner le coup dont le Ciel le menace,
Puifque vos faux rapports ont causé fa difgrace.

SCENE
DEVXIESME.

THESSALICE seule.

IE repare mon crime en courant le sauuer :
Mais, Princesse, pour qui le veux-tu conseruer ?
Pour Roxane ? grands Dieux qui lisez dans mon ame,
Accordez s'il se peut mon deuoir & ma flâme :
Ou puisque mon deuoir ne sçauroit la souffrir,
Destruisez-la, grands Dieux, ou me faites mourir.
Tu murmures, mon cœur, contre vn vœu si seuere :
Mais mon honneur le veut, il faut le satisfaire ;
Et sans plus balancer immoler nos plaisirs
A de plus fortunez & plus nobles desirs.
Courons-donc le sauuer afin de le luy rendre,
Et deussay-ie pour luy me perdre auec Cassandre.

F ij

SCENE
TROISIESME.

CASSANDRE. THESSALICE. TERSITE.

CASSANDRE.

TOute seule, Madame, ô! Dieux songés à vous.
Lorsque nos ennemys attentent contre nous;
Que tout nostre Palais est remply d'homicides,
Sans garde & sans soldats parmi tant de perfides.
Nous voyons tous les iours croistre leurs lachetez
Par l'excez infini de vos rares bontés.
Roxane confondant dans sa noire malice
La fille d'Aridée auec Thessalice,
Perd tout le souuenir de vos rares bienfaits,
Pour se vanger des maux que vostre pere à faits,
La cruelle qu'elle est demande vostre vie;
Et pour executer sa détestable enuie,
Iouïr de sa vangeance, & s'attacher à vous,
Sa fureur contre moy porte ses premiers coups;
Sçachant bien qu'on ne peut attaquer Thessalice,

Que Caßandre plutôt ne tombe & ne periße;
Que tant qu'il gardera des iours si precieux
Ils sont mesme à couuert de la foudre des Cieux;
Sa rage pour me perdre à suscité Nicandre;
Et si le Ciel n'eut pris le soin de me deffendre,
Ce perfide sans doute auroit executé
L'horrible assassinat qu'il auoit medité;
Entre les bras des miens, cét insolent courage
De mille coups mortels m'alloit percer le sein,
Si les Dieux n'eußent sçeu confondre son dessein.
Ce Barbare sorti du fonds de la Sogdie,
A bien pû se resoudre à cette perfidie.
Nicandre à qui i'auois fait part de mon bonheur;
Nicandre que vos soins auoient comblé d'honneur;
Nicandre l'imposteur, le traitre, l'execrable;
Nicandre.....

THESSALICE.

Ce mépris deuient insuportable.
Le traiter de Nicandre, & d'homme sans renom:
Il est Prince, Caßandre, & vous sçauez son nom.

CASSANDRE.

Son dernier attentat le conuainc d'imposture ;
Les Princes ont vne ame, & plus noble, & plus pure,
Ne dementent iamais leur generosité,
Et son assassinat marque sa lacheté :
On doit vous l'amener pour luy rendre iustice :
Considerez quel est son crime & sa malice,
Que c'est vn assassin dont on doit me vanger ;
Et que tant qu'il viura, vous estes en danger.

THESSALICE.

Si ie l'auois trompé, ie le craindrois Cassandre ;
Si i'auois fait mourir l'heritier d'Alexandre :
Mais parce que c'est vous, qui causez son trépas ;
Vous le craignez, Cassandre, & ie ne le crains pas.
Aussi contre vous seul il porte sa vengeance ;
Et son ressentiment fait foy de sa naissance :
Les Princes offencez cherchent à se vanger ;
Et pour y paruenir mesprisent le danger.
C'est leur façon d'agir, c'est celle d'Orcamene:
Mais que voulés vous faire, et d'où viĕt qu'on l'amene.

CASSANDRE.

Si vous me refuseZ de m'en faire raison,
Ie sçay, comme ie doy punir sa trahison.

THESSALICE.

Songez, songez pluſtoſt à payer ſes ſeruices,
A le recompenſer de tant de bons offices,
Par qui voſtre pouuoir, & le mien affermis
N'ont plus à redouter nos cruels ennemis.
Si vous viuez icy, ſi vous viuez Caſſandre,
Vous deuez vos grandeurs, & vos jours à Nicandre,
A ce traiſtre, à ce lâche; Et voſtre aueuglement
Apres tant de bienfaits parle de chaſtiment.
VoyeZ plus d'vne fois ce que vous deuez faire;
Conſultez la raiſon, non pas voſtre colere;
Et ſi vous oubliez ſes bienfaits aujourd'huy,
Du moins ſouuenez-vous que i'ay parlé pour luy,
Que dans ſon traitement ie ſuis interreſſée;
Et ſi vous l'offencez, que ie ſuis offencée.   Elle s'en va.

CASSANDRE.

Madame …

THESSALICE.

J'ay tout dit; reglez-vous là-deſſus.

SCENE QVATRIESME.

CASSANDRE. TERSITE.

CASSANDRE.

Elle l'aime, Terſite, & ie n'en doute plus.

TERSITE.

Quand ie vous le diſois, vous n'en vouliez rien croire.

CAS-

CASSANDRE.

Et ie deurois encore en douter pour ma gloire,
Cét esclaircissement ne sert qu'à m'affliger ;
Ie cognoy ma disgrace, & ne la puis changer ;
Et pour estre asseuré de mon malheur extréme,
I'ay perdu le plaisir de me tromper moy-méme :
Je ne joüiray plus de cét espoir flateur
Qui chatoüilloit mon ame auec tant de douceur.
Elle l'aime, & pour luy son amour l'interesse :
Ah ! c'est trop endurer d'vne ingrate Maistresse,
C'est trop, c'est trop souffrir d'vn indigne Riual ;
Tersite à tous les deux mon penser est fatal,
Un mouuement jaloux, vn dépit magnanime,
Me donnent pour tous deux vne horreur legitime :
Ie les hay les ingrats qui sçauent m'outrager ;
Et ne les cognoy plus qu'afin de m'en vanger.

TERSITE.

C'est-là le mouuement que Cassandre doit suiure,
Oüy, Seigneur, Orcamene est indigne de viure ;
Il en veut à vos jours, il choque vostre amour.
Pour ce double attentat il doit perdre le jour ;

Vos jours, & voſtre amour vous demandent ſa teſte.

CASSANDRE.

Mais quand à les punir ma main eſt toute preſte,
Celle qui m'eſt bien plus, que ma flàme & mes jours,
Deſarme ma colere, & vient à ſon ſecours:
Dedans ſon traitement elle eſt intereſſée;
Si ie perds mon Riual, ma Reyne eſt offencée;
Et quelque dangereux que ſoit vn tel Riual,
Son couroux me ſeroit encore plus fatal.
Ie vous contenteray Theſſalice inhumaine,
Quand ie deurois...

TERSITE.

Seigneur on amene Orcamene.

CASSANDRE.

Qu'il entre.

SCENE CINQVIESME.

CASSANDRE. ORCAMENE. TERSITE. Et quelques Gardes.

CASSANDRE continuë.

Auec regret ie voy voſtre malheur ;
Et ie ne puis penſer ſans mourir de douleur,
Que pour me garentir des effets de ſa hayne
Il faille qu'à mes yeux on attache Orcamene ;
Qu'on traite par mon ordre auec tant de rigueur
Celuy, qui ſeul à droit de captiuer mon cœur :
Mais le déreglement d'vne funeſte enuie,
Qu'vn injuſte couroux vous donne ſur ma vie,
M'oblige à preuenir ce ſecond attentat ;
Et pour ma ſeureté vous met en cét eſtat.
Ne reuiendres-vous pas de ce tranſport extreſme
Injurieux à vous auſſi bien qu'à moy-meſme,
Qui pour cét intereſt que ie ne comprends pas
Vous fait aueuglement rechercher mon treſpas.

N'ay-je pas tousiours fait auec beaucoup de zele,
Le deuoir d'vn amy genereux & fidele ?
Et malgré tous les miens à sa perte animez,
N'ay-je pas conserué celle que vous aimez ?
N'ay-je pas preferé vostre interest au nostre ?
Hazardé mon bonheur pour establir le vostre :
Negligé ma grandeur pour seruir vostre amour,
Alors que j'ay souffert Roxane en cette Cour ?
Mes plus grands ennemis viuent encore en esse,
Tant qu'elle durera ma fortune chancelle ;
Et quand ie la deuois asseurer par sa mort,
Ma parfaite amitié detourna cét effort.
I'aimay mieux hazarder ma fortune & ma vie,
Plustost que de souffrir qu'elle vous fut rauie.
Prince vous le sçauez, ie n'ay rien negligé
Du deuoir d'vn amy qui vous est obligé ;
Et cependant poussé d'vne funeste enuie,
Vous auez pû former des desseins sur ma vie ;
Et si le Ciel n'eut sçeu detourner cét effort,
Apres tant de faueurs vous me donniez la mort ;
Vous deschiriez vn cœur qui brûle de vous plaire :
Voila l'aueuglement d'vne injuste colere.
Vous voyez vostre crime, & sçauez mon pouuoir,
Quand ie vous punirois, ie ferois mon deuoir :
Mais pour vous témoigner à quel point ie vous aime,

Ie vèux tout oublier, Prince faites de mefme,
Quittez, quittez ces fers, foyez en liberté.

ORCAMENE.

Ie ne veux rien deuoir à qui m'a tout ofté :
Rends-moy, fi tu le peux, le cœur de ma Princeffe ;
Tyran, rends-moy fon fils, acquitte ta promeffe :
Ou fi tu ne peux pas me rendre vn fi beau fort,
Ie ne veux rien de toy, Barbare, que la mort.
Acheue, & prens le fang qui refte dans mes veines,
L'autre à coulé pour toy ; j'enfils rougir ces plaines,
Quand ie le prodiguay pour efpargner le tien.
Pour conferuer celuy qui m'ofte tout mon bien ;
Acheue, à quel deffein efpargnes-tu ma vie ?
Ah! cruel, j'aperçois ta deteftable enuie ;
Le Barbare fe plaift à me faire fouffrir,
Et pour comble de maux m'empefche de mourir :
Mais pour ton intereft fais-moy mourir parjure ;
Que fi le Ciel touché de ma trifte auanture
Vouloit pour me vanger des maux que j'ay fouffers,
Que quelqu' autre que toy me tiraft de tes fers,
J'arracherois ton cœur, & ma fureur auide
Defchirant en morceaux ce cruel parricide,
Vangeroit Alexandre, & fa mere, & fon fils.

G iij

Mais non, ne le crains pas, Tyran, ie m'en dédis.
Apres ta perfidie, & ton horreur extresme,
Il faut pour te punir, te laisser à toy-mesme.

CASSANDRE.

Ah! c'est trop me brauer auec impunité;
Tu recognois si mal ma generosité.
Que d'orgueil! hé bien bien Soldats qu'on le ramene.

SCENE
SIXIESME.

TERSITE. CASSANDRE.

TERSITE.

QVoy vous auez voulu deliurer Orcamene?

CASSANDRE.

Ie voudrois m'acquiter de ce que ie luy doy,
Car enfin tu sçais bien ce qu'il à fait pour moy.

TERSITE.

He! quoy le souuenir d'vne faueur legere
Vous fait-il oublier ce qu'il à voulu faire:
Songez à vous, Seigneur, & ne l'épargnez pas,
Puisque vostre salut dépend de son trépas.

CASSANDRE.

He! bien, par le poison, ou par la force ouuerte
Perdons vn ennemy qui s'obstine à ma perte:
Que Roxane & ce Prince à mes pieds massacrez,
Du trône qui m'attend soient les sanglans degrez;
A qui s'asseure vn trône, & gagne vne Maistresse,
Le meurtre & le poison sont moins crime qu'adresse.

ACTE
QVATRIESME.

SCENE PREMIERE.

ARISTON. CHARMIONE,

ARISTON.

Dieux! que me dites-vous, Roxane en seureté.

CHARMIONE.

Auant que trauailler à voſtre liberté,
Theſſalice l'a miſe au poinct de ſe deffendre.

ARISTON.

Nous ne ſommes donc plus au pouuoir de Caſſandre;
Et

Et sans craindre les maux que nous auons souffers,
Nous pouuons nous vanter d'auoir brisé nos fers.

CHARMIONE.

Vous voyés dissiper cette horrible tempeste,
Qui depuis si longtemps grondoit sur vostre teste;
Et le Ciel plus serain d'vn regard plein d'amour,
Apres tant de brouïllars vous promet vn beau iour.

ARISTON.

Dieux! il le faloit bien; & vostre prouidence
Apres auoir longtemps esprouué leur constance,
Doit enfin couronner, en les mettant au port,
Ces illustres ioüets du caprice du sort:
Puis que vous m'asseurés du salut de la Reine
Ie ne veux plus douter de celuy d'Orcamene,
Il peut à la faueur des ombres de la nuit
Sortir de ce Palais, sans desordre & sans bruit.
Thessalice qui prend le soin de sa conduite,
Auecque tous les siens fauorisant sa fuite,
Ie ne crains plus Cassandre.

H

CHARMIONE.

Ah! ie le voy venir.
Allez : pour l'amuser ie vay l'entretenir.

SCENE
DEVXIESME.

CASSANDRE.   CHARMIONE.
Suitte de Cassandre.

CASSANDRE parlant à sa suitte.

QV'on la suiue Calcis iusques au bout du monde,
Ce n'est plus qu'en vos soings que mon espoir se
Si les plus auancez ont couru vainement,   (fonde,
Peut estre agirez-vous moins inutilement;
Allez, quoy qu'il en soit il faut qu'on la rameine.

CHARMIONE.

Seigneur...

CASSANDRE.

Voſtre Princeſſe a fait ſauuer la Reine,
Elle a tiré des fers mon ennemy mortel;
Et ſans doute adherant à cét eſprit cruel,
L'horreur qu'elle à pour moy qui veut eſtre aſſouuie,
L'a derechef armé pour attaquer ma vie.

CHARMIONE.

Seigneur.

CASSANDRE.

Vit-on iamais vn tel deſreglement,
Elle doit bien priſer ſa haine infiniment,
Puiſque pour l'exercer ſa violence extreſme
En l'armant contre moy l'arme contr' elle-meſme;
Qu'il eſt indifferent à ce cœur obſtiné
De tomber par le coup dont ie ſuis entraiſné;
Roxane en liberté viendra ſur cette terre
Fondre auec les horreurs d'vne mortelle guerre;
Et de tout cét Eſtat ſi ſuperbe & ſi beau,
Ne luy laiſſera pas dequoy faire vn tombeau.

I'ay preueu ces malheurs, ie l'en ay menacée:
Mais dans les mouuemens d'vne ardeur insencée
Qui luy fait mespriser & nous & nos auis,
Elle a fait des desseins, elle les a suiuis;
Abusant du pouuoir que mon respect luy donne
Elle a pour me choquer hasardé sa couronne,
Et fait voir qu'à ces maux elle se resoudra
Alors qu'en se perdant l'ingrate se perdra;
Auroit-elle mieux pû me declarer sa haine
Qu'en brisant les prisons du perfide Orcamene,
Et destacher vn bras armé contre mes iours
N'est-ce pas desirer d'en terminer le cours:
Mais dy-luy que bien-tost ie luy feray cognoistre
Que son pere & les Dieux m'ont icy fait le Maistre,
Et que sans nul respect ie croy qu'il m'est permis
De porter ma vangeance où sont mes ennemis.

SCENE
TROISIESME.

TERSITE. CASSANDRE. CHARMIONE.

TERSITE.

SEigneur, la Reyne est prise.

CASSANDRE.

O Dieux quelle nouuelle?
Parle-là d'où tu viens.

SCENE
QVATRIESME.

TERSITE. CASSANDRE.

TERSITE.

                              Cette troupe fidelle,
Qui pour executer voſtre commandement,
Autour de ce Palais rodoit inceſſamment
Sur le deſtroit qui mene au Fort de Terſicandre,
A tantoſt rencontré la veufue d'Alexandre,
A défait ſon eſcorte, & d'vne meſme main
Alloit de mille coups luy trauerſer le ſein :
Mais ayant recogneu les gens de Theſſalice,
Ils ont creu de faillir vous rendant ce ſeruice ;
Et leur Chef ſur ce point n'eſtant pas eſclaircy
Ils ſe ſont contentés de l'amener icy :
C'eſt à vous maintenant à faire ce qui reſte,

CASSANDRE.

Icy la main des Dieux eſt toute manifeſte :

Ce sont-là des effets de leurs soins amoureux.

TERSITE.

Mais n'en abusés pas, agisés auec eux,
Mettez en seureté, vous, & cette Prouince,
Par la mort de Roxane, & celle de ce Prince:
C'est laisser trop longtemps viure vos enuieux,
Et c'est trop exposer des iours si precieux;
Roxane est en vos mains, commandez qu'elle en passe,
Sa haine inueterée est indigne de grace,
Thessalice qui sert le Prince ouuertement
Le croit fort asseuré dans vostre appartement;
Commandez seulement, & bien tost à leur honte
De cét heureux riual ie vous rendray bon conte,
I'iray porter le fer, le massacre, & la mort
Dans ces superbes lieux où ce lasche a pris port:
Ce Temple qu'il profane auec tant d'insolence,
Ne merite de vous respect ny reuerence.
I'iray...

CASSANDRE.

Tout beau Tersite, vn si prompt mouuement
Offence ma Princesse, & blesse son Amant,

Tout profané qu'il eſt par l'abord d'Orcamene,
Cét aZile eſt touſiours le Palais de ma Reine,
Il eſt inacceſible à mon reſſentiment;
Et ie n'en puis ſouffrir le penſer ſeulement;
Il ſuſit de Roxane à diſſiper l'orage
Qui peut fondant ſur nous nous trainer au naufrage,
Elle ſeule pourroit remuer en ces lieux
Et i'ay deû redouter cét eſprit factieux;
I'aſſeure mes grandeurs en la priuant de vie:
Mais il faut qu'auſſi-toſt elle luy ſoit rauie
Auant que Theſſalice ait eu le temps d'agir.

TERSITE.

On l'amene Seigneur.

CASSANDRE.

          Ie ne puis ſans rougir
Voir en ce triſte eſtat la veuſue d'Alexandre:
Suy-moy Terſite.

SCENE

SCENE CINQVIESME.

Chef des Soldats. CASSANDRE. TERSITE.

Chef des Soldats à TERSITE.

Amy, que ie parle à Caſſandre.

CASSANDRE.

Il vous rapportera mon ordre en vn moment,
Quand vous l'aureʒ receu ſuiueʒ-le promptement.

I.

SCENE SIXIESME.

ROXANE. Chef des Soldats. Troupe de Soldats.

ROXANE.

OV me conduiſez-vous?

Chef des Soldats.

Madame, il faut attandre
Que nous ayons receu les ordres de Caſſandre.

ROXANE.

Ils ſont deſia donnez: non, non ne feignés pas
De m'aprendre au pluſtoſt l'arreſt de mon treſpas.

Bien loing d'en murmurer, si le Ciel me l'enuoye,
Mes yeux n'en respandront que des larmes de ioye :
Mais ne verray-ie point Belise auant ma mort.

Chef des Soldats.

Pour vous la faire voir nous ferons nostre effort.

ROXANE.

SVr le point de finir ma triste destinée,
  Libre de crainte, & de desir ;
  Ie considere auec plaisir
A combien de malheurs ie fus abandonnée :
  Dez le point que ie vis le iour,
  La fortune auecque l'amour
  Se liguerent pour ma ruine,
  Leur abord me parût charmant :
  Mais il changea dans vn moment :
Et comme d'vne chose où l'orage s'obstine,
  De leurs passageres faueurs
  Il ne me resta que l'espine
  Apres que i'eus perdu les fleurs.

Vn Prince dont la Perse auec idolâtrie
Voyoit la grace, & la valeur,
Ouurit l'ordre de ce malheur
Qui s'attache à mes jours auec tant de furie,
La majesté de ce vainqueur
Trouua place dedans mon cœur,
I'aimay l'Idole de la Perse ;
Là les douceurs, & les plaisirs
Preuenoient mesme mes desirs :
Mais vn jaloux destin se jette à la trauerse ;
Et pour ruiner mon amour,
Son caprice abat, & renuerse
Le plus grand Roy qui vit le jour.

De l'orgueilleux debris des grandeurs de Darie,
Où brilloit tant de majesté,
Cette aueugle diuinité
Dresse vn superbe trône au vainqueur de l'Asie ;
I'y monte, elle me tend la main :
Mais pour ruiner son dessein
L'Amour ressuscite Orcamene,
Ie voy ce chef-d'œuure des Cieux
Mourir de regret à mes yeux.

L'amour, & la pitié me font sentir sa peine :
    Là ie deteste mes grandeurs,
    Et n'en fais qu'vn objet de haine
    Comme elles le font de mes pleurs.

Enfin pour acheuer mon destin déplorable,
    La fortune auec l'amour
    Qui m'attaquerent tour à tour,
Ont joint ce qu'ils auoient de plus insuportable.
    Ce Roy le plus grand des mortels
    A qui l'on dreßoit des Autels
    N'est plus qu'vn peu de pourriture,
    Son fils est mort, sa veufue aux fers,
    Fortune voila ton reuers :
Mais l'amour encherit sur ma triste auanture,
    Orcamene est prest de mourir,
    Le pire des maux que j'endure
    Sont ceux que ie luy voy souffrir.

Mais c'est trop conseruer des sentimens si lasches,
    Il est temps d'aller à la mort ;

I iij

Et nous deuons faire vn effort
Pour effacer de nous iufques aux moindres tafches.
Charmante Jdole de mon cœur
Sors-en trop aimable vainqueur,
Laiffe la veufue d'Alexandre,
C'eft trop luy difputer fon bien:
Cét efprit qui fut iadis tien
Eft maintenant à luy, tu n'y dois rien pretendre,
Allons rejoindre mon efpoux,
Et baifons la main de Caffandre
Qui nous fait vn deftin fi doux.

Cét ordre eft-il venu, contentés mon enuie,
Je pardonne ma mort à qui m'ofte la vie:
Ne craignez-rien pour moy, charitables foldats,
J'iray d'vn front efgal au deuant du treffpas;
Et loing de reculer, ou mefme de l'attendre,
J'iray le receuoir en femme d'Alexandre:
Mais qu'eft-ce que ie voy le Prince en liberté?
Ah! ie ne me plains plus de ma captiuité.

SCENE SEPTIESME.

ORCAMENE. ROXANE. Troupe de Soldats.

ORCAMENE.

IL l'est, il l'est, Madame, & Cassandre le traistre,
Par mille & mille morts le va bien-tost cognaistre,
Il n'eschapera-pas à ce second effort,
Je porte dans mes mains la vengeance & la mort:
Thessalice, & les siens secondant ses menaces,
Nous irons le forcer dans ses plus fortes Places,
Le suiure au bout du monde, & l'arracher des bras
De ses plus obstinez, et plus fermes soldats.
Là dans les mouuemens qu'inspire sa vengeance,
Nous ferons pour sa peine, & pour vostre allegeance
Vn exemple terrible à la posterité
De ce monstre d'horreur & d'infidelité;
Hastons-nous d'acheuer ce projet memorable,
L'ombre de vostre espoux nous sera fauorable.

ROXANE.

Voulez-vous adjouster aux maux où ie me voy,
Le regret de vous voir massacrer deuant moy :
Car ne pretendez pas eschaper à Cassandre,
Ie sçay bien qu'Orcamene à dequoy se deffendre ;
Et contre vn ennemy moins fort que mon malheur
Ie me prometrois tout de sa rare valeur :
Mais dans le triste estat où le sort m'a reduite,
Il faut, il faut ceder, ou vaincre par la fuite ;
Et combatre pour moy dans vn si grand danger
C'est s'y precipiter, non pas m'en dégager ;
C'est attirer sur vous le malheur qui m'accable,
Et donner à mes yeux vn spectacle effroyable ;
Voir déchirer mon Prince à deux mille soldats,
C'est m'ordonner des maux pires que le trespas.
Laissez, laissez aux Dieux le soin de ma fortune,
Qu'ils finissent des jours dont le cours m'importune :
Ou bien que Thessalice agissant auec eux
l'eschape encor vn coup à cét ambitieux ;
Que Roxane soit Reyne, ou qu'elle soit captiue,
Tout m'est indifferent : mais qu'Orcamene viue,
Qu'il perde le dessein de s'exposer pour moy,
Et m'obeïsse encor pour signaler sa foy.

OR-

ORCAMENE.

Que ie vous obeïſſe, & qu'Orcamene viuë,
Cependant que Roxane ira mourir captiue.

ROXANE.

Oüy, qu'Orcamene viue, & que ſans s'emporter
Il ſouffre des malheurs qu'on ne peut éuiter :
Oüy, qu'Orcamene viue, & que meſme il conſente
Que Roxane en mourant ſe conſerue innocente ;
Et que ne pouuant pas, ny viure ſans amour,
Ny l'aimer ſans faillir, elle perde le jour ;
Qu'elle meure, & mourant ſe deliure du blaſme,
Ou de Princeſſe ingrate, ou d'infidelle femme :
Vous voyez qu'elle veut préferer le treſpas
A la neceßité de ne vous aimer pas :
Puis qu'elle ne ſçauroit ſans ruiner ſa gloire
D'vn illuſtre mary negliger la memoire :
Vous deuez conſentir ; ne pouuant rien pour vous,
Qu'elle aille retrouuer ſon fils, & ſon eſpous.

K

ORCAMENE.

Hé ! bien, allez mourir : mais non, viuez Madame,
Il eſt d'autres moyens pour vous ſauuer de blâme ;
Viués, viués pluſtoſt pour vanger voſtre eſpoux :
Viuez pour Alexandre, & ie mourray pour vous.
Heureux, puiſque la mort où ie cours auec zele,
Vous garantit des noms, d'ingrate, & d'infidele,
Aſſeure voſtre gloire, & bien mieux que mon bras
Eſcarte loin de vous les horreurs du treſpas.

ROXANE.

Ah ! perdez ce deſſein, & ſouffrez Orcamene,
Que comme elle a veſcu, Roxane meure en Reine ;
Que l'Vniuers entier qui doit voir ſon treſpas,
N'y puiſſe rien trouuer de laſche ny de bas :
Que ſi par voſtre mort vous l'auiez outragée,
On l'a verroit mourir en Amante enragée ;
Et dans ſon deſeſpoir mourir aux yeux de tous,
Indigne de l'honneur qu'elle a receu de vous.

ORCAMENE.

N'attendez-rien de moy, l'injuste obeïssance
Que vous me demandez n'est pas à ma puissance :
Ie suis trop confirmé dans l'ardeur de mourir.

ROXANE.

Ah! mon Prince.

SCENE HVICTIESME.

ROXANE. ORCAMENE. THESSALICE.

Troupe de Gardes.

ROXANE.

Madame, allez le secourir,
D'vn affreux desespoir, retirez Orcamene,
Destournez ce malheur.

ORCAMENE.

Sauuez, sauuez la Reine.

THESSALICE.

Oüy, ie la sauueray, ne vous emportez pas.

ORCAMENE.

Tirez-là de ses fers.

ROXANE.

Empeschez son trespas.

THESSALICE.

Ne craignez-rien pour luy, ie sauueray la Reine,
Et porteray Cassandre à vous tirer de peine :
Il n'est pas en estat de me rien refuser,
Quand ie luy permettray qu'il songe à m'espouser,
Flatté de cét espoir il n'est rien qu'il ne fasse :
C'est par-là que ie puis finir vostre disgrace.

ORCAMENE.

Le refuserez-vous, Madame, justes Dieux!

ROXANE.

Ie ne m'opose point aux volontez des Cieux.

Qu'ils fassent à leur gré de nostre destinée :
Mais c'est trop de bonté pour une infortunée.

SCENE NEVFIESME.

TERSITE. ROXANE. THESSALICE. ORCAMENE. Troupe de Soldats.

TERSITE.

ALlons Madame.

ROXANE.

Allons.

THESSALICE.

Où la conduisés-vous.

TERSITE.

Où le Roy le commande.

ORCAMENE.

Ah ! le souffrirons-nous.

THESSALICE.

Oüy, Seigneur, il le faut ; & vostre violence
Pourroit de ces mutins redoubler l'insolence.

ORCAMENE.

Je ne puis vous quiter.

THESSALICE.

Moderez ce transport :
Ou vous allez, Seigneur, precipiter sa mort.
Reposez-vous sur moy.

ROXANE.

Ne soyez plus rebelle.

ORCAMENE.

Madame j'obeïs.

ROXANE.

Adieu Prince fidelle.
Le funeste destin qui me suit en tout lieu,
Me fait sentir que c'est nostre dernier adieu.

Fin du quatriesme Acte.

ACTE

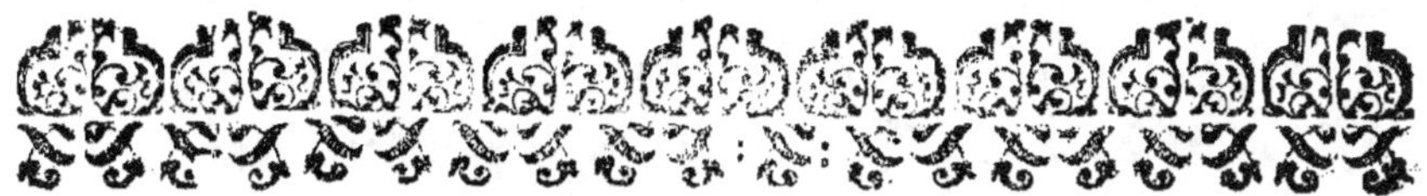

ACTE CINQVIESME.

SCENE PREMIERE.

CASSANDRE. THESSALICE. TERSITE.
Et quelques Gardes.

CASSANDRE.

AH! c'est trop me presser, croyez..

THESSALICE.

Monstre effroyable,
Tygre affamé de sang, Vautour insatiable,
Porte iusques au bout tes barbares fureurs;
Adiouste à tes forfaits de nouuelles horreurs,
Tu n'as pas respandu tout le sang d'Alexandre,
Il reste encor' en moy, songe de le respandre:
Ou croy que ton pouuoir fondé sur tant de morts

Sera mal-asseuré contre tous mes efforts;
Vn trosne teint du sang de mille parricides
Est vn mauuais azile à des Tyrans timides :
C'est vn chemin frayé par où la trahison
Peut porter iustement le fer & le poison.

CASSANDRE.

Ie vous laisse esclater.

THESSALICE.

Va, cours à ton suplice,

Les Dieux sans plus tarder te vont faire iustice;
Et le sang de Roxane, ô barbare inhumain!
Arrachera bien-tost la foudre de leur main.

SCENE
DEVXIESME.

THESSALICE seule continuë.

Mesurés, ô grands Dieux, sa peine à son offence,
De quatre illustres morts il vous doit la ven-
Alexandre, sa mere, et sa femme, et son fils,   (geance;
Doiuent estre vangés : mais c'est encore pis,
Ces quatre morts ne sont qu'vne part de son crime,
Un amy genereux, vn Prince magnanime,
Desesperé, trahy, vous demande son sang ;
Les meurtriers de Roxane en luy perçant le flanc
Ont deschirè le cœur de ce Prince fidelle :
Il mourra, justes Dieux ! embrassez sa querelle ;
Et ne refusez pas à ses fortes douleurs
Le plaisir d'estouffer l'auteur de ses malheurs.

L ij

SCENE
TROISIESME.

BELIZE.

AH! *Madame*.

THESSALICE.

Belize, ô Dieux!

BELIZE.

Belle Princesse,
Si pour de grands malheurs vostre ame s'interresse;
Par ces tristes sanglots, & ces ruisseaux de pleurs
Qu'arrache de mes yeux l'excez de mes malheurs:
Faites que les meurtriers de celle que j'adore
Au moins apres sa mort me la laissent encore;

Qu'auprez de ce beau corps où j'auois tout mon bien,
Ie rende en expirant vn esprit qui fut sien.

THESSALICE.

Elle est morte, Belize.

BELIZE.

Oüy, Madame, elle est morte.

THESSALICE.

Ah! ne m'espargne-point, rends ma douleur plus forte;
Et puisque tu l'as veu, ne me desguise pas
Comment cette Princesse a souffert le trespas.

BELIZE.

En Reyne genereuse, en femme d'Alexandre,
D'vn front à desarmer les boureaux de Cassandre;
On l'ameine en des lieux fermez à la clarté,
Reuestus d'vn drap noir, où de chaque costé
Quelques flambeaux espars escartoient les tenebres.
La Princesse à l'objet de ces apprests funebres

Explique le deſſein de ſes perſecuteurs,
Et bien plus clairement les lit dedans mes pleurs.
Beliʒe (me dit-elle) il faut que ie te laiſſe,
Et c'eſt ce qui me fait excuſer ta foibleſſe:
Ie pardonne à tes yeux de pleurer vne mort
Qui t'oſte ta maiſtreſſe, & t'abandonne au ſort;
Ton intereſt à droit de t'arracher des larmes,
Pour des maus où le mien me fait treuuer des charmes.
I'arriue auec plaiſir à ce moment heureux
Pour qui j'ay tant de fois fait d'inutiles vœux:
Et ie perds aujourd'huy par l'ordre de Caſſandre
Le titre injurieux de veufue d'Alexandre;
Ce reproche honteux qu'on peut faire à ma foy
D'auoir pû ſi longtemps ſuruiure ce grand Roy.
Dans ce beau ſentiment cette ſuperbe Reine
Iette les yeux par tout, s'arreſte, ſe promeine;
Et d'vn air qui ſembloit desfier les deſtins
Demande hautement où ſont ſes aſſaſſins:
Là s'ouure vn cabinet d'où l'infame Terſite,
Qu'vne horrible fureur vers elle precipite,
Sort ſuiuy du boureau qui le doit ſecourir;
Il s'eſcrie en ſortant, Roxane il faut mourir,
L'effet à meſme temps ſuccede à la menace,
Il deſcouure vn poignard : là tout mon ſang ſe glace,
Ma funeſte douleur me force à ſuccomber,

Et ie tombe du coup dont elle doit tomber.

THESSALICE.

D'vn infame Tyran, ministre plus infame,
Où t'iras-tu cacher?

BELIZE.

Escoutez-tout, Madame.
C'estoit peu d'vn poignard pour luy percer le sein,
Ce coup de tous leurs coups est le moins inhumain;
La douleur qui des sens m'auoit osté l'vsage
Me le rendit bien-tost à mon desauantage:
Si i'eusse rendu l'ame en ce fatal moment
C'eust esté pour mes maux mourir trop doucement:
I'ouure les yeux, helas! i'aperceus cette Reyne
Qui de tout l'Vniuers se vit la Souueraine,
Perdre auec tout son sang par de barbares mains
L'éclat qui l'a rendoit adorable aux humains,
Ce beau corps où la mort se faisoit voir si belle,
S'obstinoit vainement contre cette cruelle;
Et ne resistoit plus que par les grands combats
Que son ame rendoit pour ne le quiter pas;
Il sembloit à luy voir disputer cette place

Qu'elle occupa n'agueres auecque tant de grace;
Par la difficulté qu'elle auoit à sortir,
Que de l'en arracher c'estoit l'aneantir:
Cependant les boureaux pressent cette sortie,
Auec cette inhumain ils sont de la partie;
Et comme si le fer ne leur suffisoit pas,
Par d'autres cruautez auancent son trespas.
Ils l'approchent d'vn lit; la Princesse mourante
Voit que d'vn autre sang la place estoit sanglante;
Apperçoit vn corps mort sur ce lit estendu;
Et recognoît d'abord le fils qu'elle a perdu.
A ce funeste objet sa fermeté la quitte.
Boureaux, dit-elle alors, s'adressant à Tersite,
Boureaux qu'esperez-vous de vostre cruauté,
Le Roy vous rend le fils qu'il vous auoit osté,
Et s'acquitte, dit-il, par-là de sa promesse.

THESSALICE.

Dieux! vous l'auez souffert.

BELIZE.

              Traitres, dit la Princesse,
Vous me rendés mon fils : mais le Ciel irrité

Me

Me va faire raison de voſtre cruauté.
Là, preſſant d'vn mouchoir ſa bleſſeure ſanglante,
Elle tourne les yeux, & d'vne voix mourante,
Me dit en me donnant ce funeſte mouchoir.
Orcamene en ce ſang apprendra ſon deuoir :
Dis-luy (pardonne-moy cher eſpous que j'adore,
Puiſque c'eſt pour ton fils qu'il m'en ſouuient encore:)
Dis-luy, ſi ſon amour dure apres mon treſpas,
Qu'il vange cette mort, & ne l'a pleure pas ;
Adieu, ſans plus ſonger à qui me l'a rauie,
Ie donne à mon eſpous le reſte de ma vie ;
Toy qui me le remets dans ce corps pasle & froid,
Iadis ſa viue image, à preſent ſon portrait,
Du plus Grand des mortels le reſte pitoyable ;
Iadis cher à mes yeux, maintenant effroyable,
Puiſque tout Alexandre à pery par ta mort,
Sa veufue, mon cher fils, aura le meſme ſort.
Là, d'vn air plus ſerain, & d'vn eſprit tranquile,
Elle baiſe ſon fils, & demeure immobile ;
Et ſemble en expirant luy pouſſer au dedans
L'ame qu'elle ne peut retenir plus longtemps.

THESSALICE.

Ah Tyran! ah boureaux! ah Reyne infortunée!
M.

A quelles cruautés estiez-vous destinée ;
Celle dont l'Vniuers a reueré les lois,
La Maistresse du Monde, et la Reine des Rois ;
Et pour dire encor plus, la veufue d'Alexandre
Assouuit les fureurs des boureaux ds Cassandre ;
A quels crimes, grands Dieux, reseruez vous les coups,
Et de vostre justice, & de vostre courroux,
Ne merite-il pas encore vostre colere ;
Alexandre, sa femme, & son fils, & sa mere,
Ont pery par ses mains, & vous les suspendez :
Mais ie voy bien, cruels, ce que vous attendez,
Vous auez resolu de differer sa peine
Iusqu'à tant qu'à ces morts il adiouste Orcamene.

BELIZE.

Si le courroux des Dieux n'attend que ce trespas
Pour perdre le Tyran, il ne tardera pas ;
Le deplorable estat où j'ay laißé son ame.

THESSALICE.

Quoy tu l'as veu, Belise.

BELIZE.

        Oüy, ie l'ay veu, Madame,
Il a leu ces malheurs dans ce sanglant mouchoir
Où la mourante Reyne escriuit son deuoir.
A ce funeste objet, il paslit, il frissonne;
Et dans les mouuemens que ce beau sang luy donne
Il s'emporte si fort, que ie ne pense pas
Qu'il puisse plus longtemps differer son trepas.

M ij

SCENE
QVATRIESME.

CHARMIONE. THESSALICE. BELIZE.

CHARMIONE.

AH! Madame, Orcamene a rencontré Caſſan-
dre;
Et malgré les efforts qu'il fait pour ſe deffendre,
Ce Prince ſouſtenu de ſa forte douleur
Le ſerre de ſi prez, que ie crains vn malheur;
Terſite, & deux ſoldats mordent deſia la poudre,
Et de meſme Ariſton.

THESSALICE.

Ie ne ſçay que reſoudre:
Où ſont-ils? juſtes Dieux! que dois-je demander.

BELIZE.

Dieux protecteurs des bons, daignez-le seconder;
Il est temps, Dieux vangeurs, qu'vn éclattant suplice
Sur ce grand criminel monstre vostre iustice:
Mais c'en est desia fait, graces à vos bontez,
La Princesse est vangée.

CHARMIONE.

Ah! Madame, arrestez.

SCENE CINQVIESME.

ORCAMENE. THESSALICE. BELIZE.
CHARMIONE.

ORCAMENE.

EN est-ce assez, Roxane, & l'infame Cassandre
Que ie viens d'immoler aux manes d'Alexandre,
Tes barbares boureaux à ses pieds terrassez,
T'assouuissent-ils pas, Roxane, est-ce assez?
Beau sang inspire-moy ce qu'il faut faire encore;
Si ce n'est pas assés, belle ombre que j'adore,
I'iray dans le dessein d'éterniser mon deüil
De tout Amphipolis ne faire qu'vn cercueïl,
Et grauer dans ces lieux par le fer & la flàme,
L'image de la mort qui regne dans mon ame.

THESSALICE.

Dieux! que resolués-vous de ce Prince & de nous;

ORCAMENE.

Beau sang, à mon amour objet terrible & doux,
D'vn chef-d'œuure des Cieux le reste déplorable,
Qui vous a pû tirer de ce corps adorable ?
Quel Scythe ! quel barbare ! ou quel monstre nouueau
Rauit à l'Vniuers ce qu'il eut de plus beau ?
Ah Cassandre ! ah boureaux ! quelle injuste puissance
Vous defrobe si-tost aux traits de ma vengeance,
La mort vous a rauis à mon ressentiment :
Que ne puis-je grands Dieux me vanger plainement ;
Et pour rendre aujourd'huy mes fureurs assouuies,
Que ne leur donniez-vous à perdre mille vies.
Ah ! Belize.

BELIZE.

Seigneur.

ORCAMENE à Thessalice.

Madame, c'en est fait,
Vos generositez ont esté sans effet :
Celle que vous seruiez auec tant de Zele,

N'a pû se garantir des traits d'vn infidelle,
La Princesse Roxane a souffert le trespas;
Elle est morte, Madame. Et tu ne l'a suis pas;
Qu'attends-tu, malheureux, à t'oster vne vie
Que desia la douleur deuroit t'auoir rauie :
Qu'attends-tu?

THESSALICE.

De vanger pleinement son trespas;
Quelques boureaus sont morts, mais tous ne le sont pas
Thessalice, Seigneur, a trempé dans ce crime;
C'est moy, que ce beau sang demande pour victime
I'ay rauy cette Reine au genereux effort
Que vous alliez tenter pour destourner sa mort,
Aux bras de ces boureaux c'est moy qui l'ay renduë
Et vous ne perdés pas celle qui l'a perduë.
Seigneur que fait icy vostre ressentiment?

ORCAMENE.

M'osez-vous soupçonner d'vn tel déreiglement?
Que ie trempe mes mains au sang de Thessalice.
Dieux! qui me poursuiués auec trop d'injustice,
Suis-je par mes malheurs si fort desfiguré,

Qu'on

Qu'on me traite d'infame, & de defnaturé?

THESSALICE.

Quoy, vous ne voulez pas vanger voftre Princeffe?

ORCAMENE.

Ah! Madame, efpargnez la douleur qui me preffe;
Et ne m'accablez pas loing de me fecourir:
Viuez, viuez, Madame, & me laiffés mourir.

BELIZE.

Je vous fuiuray, Seigneur.

CHARMIONE.

Son defefpoir m'eftonne:
Madame, fongez-y.

THESSALICE.

Suiuons-le, Charmione.

N

BELIZE à l'entrée de la tapisserie.

Quoy, mon Prince sans moy.

CHARMIONE regardant derriere le theatre.

               Trop funeste malheur!
Madame, c'en est fait.

THESSALICE.

               Esclate ma douleur ;
Et puisque maintenant mon malheur est extresme
Donne-moy s'il se peut des mouuemens de mesme.
Pour rendre à ces Amans les dernieres honneurs,
Versons sur leur tombeau du sang au lieu de pleurs.

Fin du cinquiesme & dernier Acte.